맛있는 어린이 인문학 10

초콜릿

상드린 뒤마 로이 글 | 니콜라 구니 그림 | 김영미 옮김

내인생의책

베어 물고, 손가락에 묻으면 쪽쪽 빨아 먹죠.
음료로 마시기도 해요.
바로 초콜릿이죠!

검은색, 갈색, 흰색.
빵집의 스타랍니다!
맛있는 디저트로 즐겨 먹어요.
요리에 넣어도 잘 어울리죠.
멕시코의 전통적인 크리스마스 음식은 칠면조인데요.
멕시코 사람들은 칠면조에 '몰레'라는 소스를 뿌려 먹어요.
몰레 소스는 매운 고추가 주 재료인데요.
단맛을 내기 위해 초콜릿을 넣기도 합니다.

아메리카에서는 아즈텍과 마야 사람 들이 초콜릿 음료를 마셨습니다.
유럽의 탐험가들이 아메리카로 건너가 이 초콜릿 음료의 맛을 보게 되었지요.
그 맛에 반한 탐험가들은 전 세계 모든 열대 지역에
카카오나무 씨를 퍼뜨렸습니다.

초콜릿을 즐기려면, 먼저 카카오부터 재배해야 하니까요.

카카오나무는 키가 십 미터에서 십오 미터쯤 되는데요.
키가 이만할 정도로 키우기가 정말 쉽지 않죠.
카카오나무처럼 해충들도 덥고 습한 날씨를 좋아해요.
그래서 해충들의 공격이 끊이질 않는답니다.

카카오나무는 일 년 내내 작고 하얀 꽃을 피워요.
하지만 이 꽃들은 두 밤이 지나면 시들어 버립니다.
더구나 꽃가루가 무겁고 진득진득해서
몇 마리의 파리와 개미만 겨우겨우 꽃가루받이를 할 수 있죠.

카카오 꽃 오백 송이 가운데 딱 한 송이만 열매를 맺는답니다.

카카오 열매는 작은 럭비공처럼 생겼어요.
나무의 몸통이나 가장 굵은 가지에서 자라죠.
처음에는 초록색이나 보라색이에요.
다섯 달이 지나면 익습니다.
카카오 열매는 익으면 노란색이나 주홍색으로 변한답니다.

그 사이에 농부는 잡초를 뽑고, 농장을 깨끗하게 청소해요.
가지치기도 합니다.
때로는 병을 고쳐 주기도 하죠.

수확은 일 년에 두 번 해요.
농부들이 직접 꼭지를 베서 카카오 열매를 땅에 떨어뜨린 뒤 열매를 줍습니다.
이 일을 대신할 농기계는 없어요.

카카오를 재배하는 농부들은 거의 가족 단위로 일해요.
열 명이 모이면 여덟 명은 가족이죠.
그들은 숲의 나무를 베어 내고, 작은 규모의 땅에 카카오 묘목을 심지요.

드물지만 대규모 농장을 운영하기도 하는데요.
농장 크기에 상관없이 카카오 재배는 모든 일이 손으로 이루어진답니다!

남아메리카에서는 생산량이 많이 늘어났는데요.
농부들이 비가 잘 오지 않는 시기에
직접 나무에 물을 주거든요.
카카오나무에 작은 그늘을 마련해 줄 수 있는
다른 나무를 심기도 하고요.
적절한 시기에 비료도 줍니다.
해충을 잡아먹는 익충을 풀어 놓기도 한답니다.

나무가 건강하면 카카오 열매가 더 많이 열리죠.

농부들은 협동조합을 만들어 지식과 경험을 나눕니다.
공정무역 인증을 받을 수도 있어요.
인증 마크를 받으면 카카오가 더 잘 팔린답니다.

아프리카는 전 세계에서 가장 중요한 카카오 생산지예요.
하지만 기후 조건이 좋지 못한 데다가, 기술과 자금이 부족해요.
아프리카 농부들이 남아메리카의 현대적인 기술을
이용하지 못하는 이유입니다.
그러다 보니 아프리카 카카오나무는 남아메리카의 나무와 비교하면
생산량이 4분의 1도 채 안 돼요.
아프리카 농부들은 카카오 농사로는 생계를 꾸려 나갈 수가 없답니다.

가난에 허덕이는 집에서는 어린 자식을 농장에 일꾼으로 팔기도 합니다.
현대판 노예죠. 있어서는 안 될 일입니다.

초콜릿을 만들 때는 주로 카카오 열매 네 종류를 사용합니다.
단맛이 강한 크리오요는 카카오 중에서 가장 고급인 반면 가장 약한 품종이랍니다.

그래서 '포라스테로'라는 품종이 더 많이 재배되는데, 쓴맛이 나요.

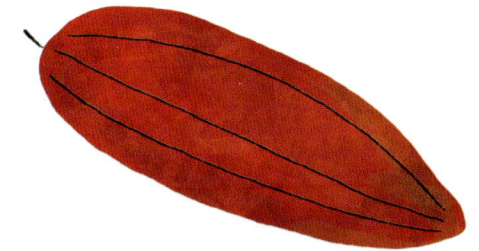 

맛이 매우 풍부한 '트리니타리오'는
크리오요와 포라스테로를 교배해서 만든 종이에요.
'나시오날'은 달콤한 향 때문에 많이 찾지만, 굉장히 귀하답니다.
에콰도르에서만 자라기 때문이죠.

카카오 열매를 수확하면 이제 가공을 해야겠지요.
마체테라고 하는 큰 칼로 카카오 열매를 쪼개면
삼십 개에서 오십 개의 카카오 씨가 나와요.

카카오 씨앗들을 큰 나무 상자에 넣어 일주일 동안 발효시키죠.
발효되면서 초콜릿 맛이 좋아져요.

보름 동안 햇볕에 말리면 카카오 씨는 먹을 수 있는 콩이 됩니다.
이제 도시로 나갈 채비가 다 된 거죠.

초콜릿 공장들에서 카카오 콩을 사들입니다. 카카오 콩은 깨끗이 씻은 다음, 오븐에서 섭씨 140도로 굽는데요. 이것을 '볶기(로스팅)'라고 해요.

껍질을 벗기고 빻아요. 한쪽에서는 카카오 버터를 만들 기름을 뽑아내고,
다른 한쪽에서는 카카오 반죽을 만들어요.

카카오 반죽을 빻으면 가루가 됩니다.
카카오 가루에 따뜻한 우유를 붓고, 설탕을 추가하면 맛있는 핫초코가 돼요.
아주 맛있죠!

다크 초콜릿을 만들려면 카카오 반죽을 녹인 다음,
카카오 버터와 설탕을 넣으면 됩니다.

밀크 초콜릿은 다크 초콜릿에 분유를 넣으면 되고요.

화이트 초콜릿은요?
카카오 버터와 우유, 설탕만 있으면 됩니다!

여러 종류의 카카오를 섞고
설탕, 카카오 버터, 우유를 넣는 비율을 달리하면
맛이 다른 초콜릿을 무한정 만들어 낼 수 있답니다.

초콜릿 특산품은 특정 지역이나 농장에서 생산된 카카오 콩으로 만들어요.
유명하고 흔치 않아서 비싸답니다.

그다음 '콘킹'이라는 제조 과정을 거칩니다.
부드러운 카카오 반죽을 믹서에 넣고 몇 시간 동안 돌리면
반지르르하고 반짝거리는 초콜릿을 만들 수 있어요.

초콜릿은 쉽게 만들 수 있는 게 아니에요!

하지만 납작한 판 모양으로 만드는 건 쉽죠.
녹은 초콜릿을 틀에 넣고, 그 틀을 냉각 터널 속으로 통과시켜요.
차가워지면 틀에서 쉽게 떨어지죠. 그럼 얼른 포장을 해야 해요!

부활달걀 모양이나 산타클로스 모양으로
초콜릿을 만드는 과정도 똑같아요!

전 세계적으로 규모가 엄청 큰 초콜릿 공장들에서는
사람들이 매일 먹는 초콜릿 과자류를 대량으로 만들어 내는데요.
수십억 개나 된답니다.

공장에서는 카카오 버터 대신 값이 싼 식물성 기름을 사용하기도 해요.
또 카카오를 조금 넣고, 대신 설탕을 많이 넣죠.
건강에 매우 좋지 않겠죠?

규모가 작은 공장에서 더 좋은 초콜릿이 생산되기도 합니다.
좋은 초콜릿인지 알아보려면, 포장의 제품 설명을 꼭 읽어 봐야 해요.
카카오가 많이 들어갈수록 좋은 초콜릿입니다.

초콜릿 장인들은 설탕보다 카카오를 더 넣거나,
카카오 버터만을 사용해 다양한 맛의 초콜릿을 만들어 내요.
이게 진짜 좋은 초콜릿이죠!

최고의 초콜릿 제조업자(쇼콜라티에)에게 상을 주는 대회도 열립니다.
스위스, 벨기에, 프랑스가 상위권을 차지해요.

초콜릿은 아주 매력적인 모양으로 만들 수 있습니다!
초콜릿 제조업자 중에는 진정한 예술가가 있지요.
그들의 손에서 믿기 힘들 만큼 굉장한 걸작이 탄생합니다.

유럽 사람들과 미국인들이 세계에서 초콜릿을 가장 많이 먹습니다.
이들은 한 해에 보통 7킬로그램의 초콜릿을 먹지요.
초콜릿 광들은 12킬로그램까지도 소비해요.

그런데 아시아 사람들이 초콜릿을 점점 더 많이 먹고 있어요.
전 세계적으로 카카오 생산량이 수요를 못 따라가게 될 것 같아요.

몇몇 공장에서는 이미 대책을 마련했어요.
초콜릿을 좀 더 가볍게 만들어 내는 것이죠.
카카오 대신 다른 재료들을 넣는 레시피도 개발했어요.
레몬, 블루베리, 포도, 캐러멜, 깨, 아몬드 반죽, 코코넛, 견과류 같은 재료죠.

초콜릿은 사람에게는 건강에 좋을 수 있습니다.
하지만 개, 고양이, 앵무새, 말에게는 위험한 음식이랍니다.
카카오에는 기억에 도움이 되는 마그네슘과 인,
얼굴빛을 좋게 하는 비타민, 적혈구를 만드는 데 필요한 철분
그리고 칼륨과 지방, 포도당이 들어 있어요.

초콜릿을 먹으면 기운이 나고, 기분이 좋아져요!
하지만 많이 먹지 않도록 주의하세요. 열량이 높거든요!

초콜릿에 카카오가 많을수록 설탕은 적답니다.
수학적으로 당연한 이야기죠!
고급 다크 초콜릿은 최소한 카카오가 43% 이상,
카카오 버터가 26% 이상 들어 있어야 해요.

좋은 밀크 초콜릿은 적어도 카카오가 30%,
분유 18%, 설탕이 50% 들어 있어야 하죠.

보통 밀크 초콜릿은 최소한 카카오 25%,
분유 14%, 지방 성분이 25%가 들어 있어요.

수제 밀크 초콜릿은 적어도 카카오 20%와
유제품 20%가 들어가야 해요.

'순 카카오 버터'나 '전통적인'이라는 표시는 식물성 기름이 들어가지 않았다는 거예요.

유기농 초콜릿에는 AB 표시가 있어요.

공정무역 제품에는 공정무역연합 마크와 공정무역 마크가 있어요.

초콜릿 장인은 자신만의 카카오 구매처가 있죠. 대부분 직접 가서 카카오를 사 옵니다.

초콜릿 애호가 클럽은 초콜릿 광들의 정기적인 모임이에요.
이들은 아페리티프(식전에 마시는 술)부터 후식까지 전부 다 초콜릿을 넣어서 만들죠!

맛있는 어린이 인문학 시리즈

자연의 품에서 자라 우리 식탁에 오르는 다양한 먹거리들
어디서 왔는지, 어떤 과정을 거쳤는지
어떻게 하면 더욱 건강하게 즐길 수 있는지 어린이와 함께 생각합니다.

❶ 설탕 미셸 프란체스코니 글 | 니콜라 구니 그림

❷ 우유 프랑수와즈 로랑 글 | 니콜라 구니 그림

❸ 달걀 필립 시몽 글 | 니콜라 구니 그림

❹ 빵 프랑수와즈 로랑 글 | 니콜라 구니 그림

❺ 사과 안느-클레르 레베크 글 | 니콜라 구니 그림

❻ 꿀 프랑수와즈 로랑 글 | 니콜라 구니 그림

❼ 쌀 프랑수와즈 로랑 글 | 니콜라 구니 그림

❽ 토마토 미셸 프란체스코니 글 | 니콜라 구니 그림

❾ 감자 샹드린 뒤마 로이 글 | 니콜라 구니 그림

❿ 초콜릿 샹드린 뒤마 로이 글 | 니콜라 구니 그림

〈맛있는 어린이 인문학〉은 계속 출간됩니다.